JN412533

#저탄고지
#키토제닉
#다이어트

에어
프라이어
밥솥
레시피

#저탄고지 #키토제닉 #다이어트
에어프라이어 밥솥 레시피
ⓒ 안혜진, 2021

초판 1쇄 2021년 5월 12일 펴냄

지은이 안혜진
펴낸이 김성실
책임편집 김성은
사진 안혜진
표지디자인 형태와내용사이
도움주신 곳 전국한우협회, 한우자조금관리위원회, 한돈자조금관리위원회, 필립스에어프라이어
제작 한영문화사

펴낸곳 원타임즈   등록 제313-2012-50호(2012. 2. 21)
주소 03985 서울시 마포구 연희로 19-1 4층
전화 02)322-5463   팩스 02)325-5607
전자우편 sidaebooks@daum.net

ISBN 979-11-88471-22-5 (13590)

잘못된 책은 구입하신 곳에서 바꾸어 드립니다.

#저탄고지
#키토제닉
#다이어트

에어
프라이어
밥솥
레시피

안혜진(바이안)지음

WINTIMES

키토식을 시작한 지 5년이다.
지속가능한 다이어트 식단을 위해 끊임 없이 노력하지만
회사 생활을 병행하다 보니 자연스레 게을러지고 느슨해지기도 한다.
가끔은,
'오늘 하루쯤은 대충 먹지 뭐' 하다가도
지금까지 유지해 온 걸 생각하면
'대충' 먹기엔 그동안의 노력이 아깝고 억울하다.

이 게으름과 귀찮음을 극복할 방법이 없을까?

아참,
에어프라이어가 있었지?
이렇게 편리하고 간편한 도구를 방치하고 있었다니.
큰 어려움 없이 마법처럼 음식을 뚝딱 만들어 주는 신세계인데.

청소를 할 때마다 걸리적거리는 밥솥을 보면 한숨부터 나온다.
키토식을 시작하고 언제부턴가 밥을 하지 않으니 자리만 차지하는 애물단지가 돼버렸다.
버리기엔 아깝고 그냥 놔두자니 자리만 차지하고.
살림은 '장비빨'이라고, 인스턴트팟을 살까 했는데 굳이 돈 들일 게 뭐 있나.
밥솥으로 대신하면 되겠다.
바쁜 시간에 슬로쿠커로 이용하면 되겠어.

주방의 혁명 에어프라이어와
필수 가전 전기밥솥으로 쉽고 맛있는 식단을 이어가자.
키토 식단에서 오븐이 필수라고 생각했는데
오븐과 인스턴트팟이 없어도 할 수 있는 요리가 꽤 많다.
조리 과정은 최대한 쉽게, 누가 봐도 무리 없이 따라할 수 있게 하리라.

저탄고지, 키토제닉 다이어트
때로는 귀찮고 가끔은 게을러도 할 수 있다.

안혜진(바이안)

차 례 |

에어프라이어

PART 1

돼지고기와 소고기

PART 2

달걀과 닭고기

PART 3

생선과 해산물

PART 4 간식과 디저트

전기밥솥

PART 5 전기밥솥과 전자레인지

에어프라이어 엿보기

바스켓 분리 전체

열선 및 열선 청소

바스켓1

바스켓2

바스켓3

열선에 기름이 튀면 탄 냄새가 나고 연기가 날 수 있으니 조리 후에 바로 청소해주는 게 좋아요.

전기밥솥 엿보기

밥솥 분리

밥솥 분리 전체

밥솥 물받이

고무 패킹에는 냄새가 잘 배기 때문에 조리 후 분리하여 청소해주세요.

| 밥솥 | 에프 | 온도 | 시간 | 전자레인지 | 팬 | 유산지 | 철망 |

※ 이 아이콘은 Flaticon.com의 자료를 사용해 디자인되었습니다.

일러두기

① 에어프라이어는 제품의 사양에 따라 온도와 시간에 약간의 차이가 있습니다.

② 이 책에서 사용된 에어프라이어는 필립스(스마트센싱 HD9860/95)입니다.

③ 전기밥솥은 제품에 따라 기능의 차이가 있습니다.

④ 이 책에서 사용된 전기밥솥은 쿠첸(CJS-FA0602V)입니다.

⑤ 이 책에서 사용된 소고기는 한우, 돼지고기는 한돈입니다.

⑥ 에어프라이어는 돼지고기와 소고기, 달걀과 닭고기, 생선과 해물, 간식과 디저트로 나누었고

⑦ 밥솥은 요리 이름을 가나다 순으로 정리했습니다.

식재료 엿보기

| 소고기 | 갈빗살 | 부채살 | 등심 | 갈비 | 다짐육 |  |

| 돼지고기 | 삼겹살 | 목살 | 통삼겹살 | 등갈비 | 다짐육 |  |

**슈가프리 BBQ소스** 네이처헬로우	**슈가프리 메이플시럽** 네이처헬로우	**슈가프리 케첩** 네이처헬로우	**굿소스케첩** 키토마켓
**아보카도 마요네즈** 초슨푸드	**스리라차소스** 허이펑	**휘핑크림** 매일유업	**슈레드 모차렐라치즈** 매일유업
**저당질고추장** 키토마켓	**알룰로스** 마이노멀	**참기름** 상하농원	**들기름** 상하농원

에리스리톨 당올	**마카롱용 아몬드가루** B&C마켓	**소금(핑크솔트)** 몬토스코	**후추** 몬토스코
올리브오일 아르베퀴나	**올리브오일** 데체코	**아보카도오일** 초슨푸드	**간장** 샘표 맑은조선간장
애플사이다비네거 데니그리스	**발사믹식초** 폰타나	**레몬즙** 림미	**바닐라익스트랙** 월튼
토마토퓌레 데체코	**대장부소주** 롯데칠성	**생강즙** 일건식	**파르메산치즈** 크라프트
천일염 청정원	**페퍼론치노홀**	**베이킹파우더** 브레드가든	**타피오카 전분** 밥스레드밀

월계수 다니	오일스프레이	버터스프레이	블루치즈
이베리코막창	네모어묵	갈릭파우더 바디아	양파가루 바디아
딜 바디아	타임 바디아	오레가노 바디아	쿠민 바디아
파슬리 바디아	강황가루(터머릭) 바디아	코코넛오일	코코넛가루 누티바
코코넛슬라이스 B&C마켓	코코넛토르티야 키토마켓		

필요한 도구 엿보기

계량스푼, 계량컵

500ml 계량컵

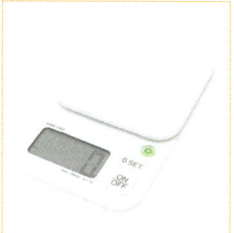

전자 저울

거품기

실리콘 브러시

고기 망치

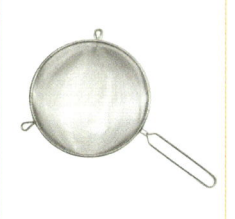

분당체

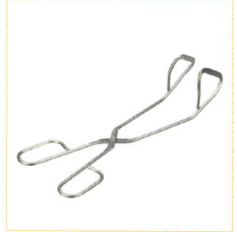

요리용 주방 집게

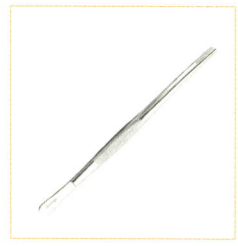

요리용 핀셋 집게

글로벌 식도

주방 가위

종이 포일

원형팬 1호

진공 블렌더

다기능 핸드블렌더

계량스푼 15ml/5m 일체형

계량컵 200ml, 파이렉스 500ml

전자 저울 용기의 무게를 포함할 수 있기 때문에 2kg 이상 측정되는 저울을 사용하기 권한다.

거품기 달걀을 풀거나 재료를 섞을 때 사용한다.

실리콘 브러시 실리콘 재질로 묽은 양념이나 베이킹 시 달걀물을 바를 때 사용한다.

고기 망치 고기의 연육을 위해 다지기 편리하고 단단한 뿌리채소 손질 시 이용할 수 있다.

분당체 체 머리 양쪽에 고리가 있어 믹싱볼에 걸쳐 체치거나 건더기를 거를 때 사용한다.

요리용 주방 집게 가위 모양으로 설계되어 그립감이 좋고 무거운 재료도 안정적으로 집을 수 있다.

요리용 핀셋 집게 작고 얇은 재료나 볶음용, BBQ 사용에 편리하다.

글로벌 식도 이음새가 없는 통 스테인리스로 이물질이 끼지 않아 위생적이다.

주방 가위 올 스테인리스라 열탕 소독이 가능하고 위생적이며 영구적으로 사용할 수 있다.

종이 포일 에어프라이어 전용 포일로 오염되기 쉬운 요리 시 세척의 번거로움을 덜어주고 물과 기름
　　　에 강해 조리 후 깔끔하게 정리할 수 있어 편리하다.

원형팬 1호 간단한 베이킹이나 요리에 사용할 수 있는 코팅팬으로 지름 15cm이다. 사용 후 마른 수
　　　건이나 행주로 닦아주고 날카로운 것에 주의한다.

진공 블렌더 분쇄력뿐 아니라 진공을 통해 산화방지 및 내용물의 맛, 색상, 영양을 보존한다.

다기능 핸드 블렌더 스파이럴라이저, 차퍼, 블렌딩의 기능을 다 가진 편리한 제품이다.

이 책을 살펴봐요

① 돈까스

① 요리 이름

② 메인 도구(에어프라이어)

③ 도구와 온도, 시간, 필요 도구(유산지, 철망, 팬, 전자레인지 등)

④ 재료

⑤ 소스 및 양념 등의 부재료

⑥ 만드는 과정

⑦ 팁(정보 및 권유사항)

⑧ 시판 제품(소스, 과자, 토르티야 등)

❶ 요리 이름

❷ 메인 도구(밥솥, 에어프라이어)

❸ 도구와 온도, 시간, 필요 도구(유산지, 철망, 팬, 전자레인지 등)

❹ 재료

❺ 만드는 과정

❻ 팁(정보 및 권유사항)

❼ 시판 제품(소스, 과자, 토르티야 등)

에어프라이어

저탄고지에 매우 적합한 주방 가전으로
지방 함량이 높은 식재료
미리 튀긴 냉동식품
지방층이 함께 붙은 껍질 등에 특화된
미니 컨벡션이라 할 수 있다.

공간을 적게 차지할 뿐 아니라
세척이 용이하고 사용법도 간단하다.
사용 시 사고 발생에 따른 위험 요소가 거의 없다.

무엇보다 오븐 대용으로 사용이 가능하다.

이 신박한 기계에
맛있는 키토식 요리를 해보자.

돼지고기와 소고기

바비큐삼겹살구이

에프　　180도　　14분　　철망

재료

구이용 삼겹살 300g, 소금 · 후추 · 슈가프리 BBQ소스 약간씩

1　삼겹살은 15cm 정도의 길이로 자르고 소금과 후추로 밑간한다.

2　에어프라이어 180도에서 5분, 뒤집어서 5분 초벌구이를 한다.

3　쿠킹브러시(실리콘 브러시)로 BBQ소스를 고기에 골고루 발라준다.

4　에어프라이어 180도에서 2분, 뒤집어서 2분 구워준다.

합성 감미료가 첨가되지 않은 무설탕 BBQ소스를 활용하면 편리해요.
BBQ소스는 장갑을 낀 손이나 숟가락으로 넓게 펴 발라도 좋아요.
초벌구이를 하기 전에 미리 고기에 양념을 바르면 탈 수 있으니 반드시 초벌구이 후
에 양념을 펴 발라 주세요.

고추장목살구이

에프   180도   15분   유산지

재료

돼지고기 목살 300g

소스

간장 1T, 다진마늘 0.5t, 알룰로스 1T, 저당질 고추장 1T, 후추 약간, 대장부소주 1T

1 분량의 소스 재료를 모두 섞어 고기에 골고루 버무려 20분 둔다.

2 에어프라이어 180도에서 10분 구워준다.

3 고기를 뒤집고 가니시를 추가하여 5분 동안 같이 익힌다.

팁

키토식 고추장을 만들기 번거롭다면 시판용 저당질 고추장을 사용해 보세요.
맛도 좋고 요리시간도 단축할 수 있어요. 가니시는 버섯, 호박, 당근, 연근 등
냉장고에 있는 어느 것도 괜찮아요.
가니시 종류에 따라 익는 시간이 달라질 수 있어요.

돈까스

에프   180도   15분   유산지   중약불

재료

돼지고기 안심 200g, 오일스프레이

밑간 다진생강 1t, 소금·후추 약간
튀김옷 달걀물 1개분, 타피오카전분 1T, 부순 단백질과자 50g
소스 토마토퓌레 2T, 슈가프리 BBQ소스 1T, 간장 1T, 생크림 1T, 후추 약간

1 돼지고기 안심을 고기 망치로 두드려 편다.

2 분량의 재료를 섞어 밑간을 하고 30분 이상 둔다.

3 타피오카전분은 체를 치며 2에 얇게 입혀준다.

4 달걀물에 적신 후 부순 단백질과자를 충분히 묻혀준다.

5 에어프라이어 180도에서 5분 굽고 오일스프레이로 도포한 후 5분 굽는다.

6 뒤집어서 오일스프레이로 도포한 후 다시 5분 굽는다.

7 팬에 분량의 소스 재료를 섞어 넣고 공기방울이 생기면 불을 끄고 잘 섞는다.

고기 망치 대신 칼등을 이용해도 좋아요. 오일스프레이의 오일은
올리브오일입니다.
단백질과자는 따로 만들기 번거로우니 시판용 저탄수 크루통을
사용하면 편리해요.

삼겹살레몬간장구이

에프　　180도　　15분　　유산지

재료

삼겹살 300g

소스

간장 2T, 대장부소주 1T, 레몬즙 2T, 알룰로스 2T, 후추 약간

1　분량의 소스 재료를 모두 넣어 잘 섞는다.

2　삼겹살에 골고루 펴 바른 후 30분 이상 둔다.

3　에어프라이어 180도에서 10분, 뒤집어서 5분 굽는다.

4　뒤집어서 굽기 전에 가니시를 추가해 같이 익혀준다.

팁　가니시로는 아스파라거스, 버섯, 양파, 브로콜리, 미니리 등 모두 잘 어울려요. 가니시로 할 만한 것이 없다면 고기를 한입 크기로 잘라 상추쌈으로 먹어도 좋아요. 고기를 뒤집어서 구울 때 기호에 맞게 에어프라이어의 타임을 조절하면 됩니다. 레몬즙을 짜내기 힘들다면 시판 레몬즙을 사용하면 편리합니다.

이베리코막창구이

에프　　200도　　29분　　유산지

재료
이베리코 막창 300g

1　이베리코 막창은 에어프라이어 크기에 맞게 자른다.

2　에어프라이어 200도에서 10분, 뒤집어서 10분 구워준다.

3　유산지를 갈아준다.

4　먹기 좋은 크기로 자른 후 200도에서 6분, 뒤집어서 3분 구워준다.

파채무침
파채 110g
양념: 간장 1T, 애사비 2T, 알룰로스 1T, 고춧가루 0.5T, 들기름 1T, 통깨 약간

1　분량의 양념 재료를 모두 섞는다.
2　파채는 적당한 길이로 자르고 먹기 직전에 1의 양념을 넣어 살살 버무린다.

팁

이베리코 막창은 시즈닝되어 있어서 씻지 않아요. 초벌구이를 하면 수분이 많이
배출되므로 유산지를 한 번 갈아주는 게 좋아요.
이베리코는 스페인의 광활한 초원인 데헤사(Dehesa)의 자연 방목 상태에서 천
연 사료인 도토리, 허브, 버섯 등을 먹고 자라 '걸어다니는 올리브나무'라고 불릴
정도로 올레인산 등 몸에 좋은 불포화지방산과 영양소가 풍부합니다. 이베리코
돼지는 변의 냄새가 일반 돼지에 비해 훨씬 적고 한 두당 몸 크기도 일반 돼지에
비해 큰 만큼, 막창도 크기가 크고 잡내가 매우 적습니다.

리버스시어링스테이크

| 에프 | 75도 | 30분 | 철망 | 강불, 약불 |

재료

소고기 200~300g, 소금·후추·로즈메리 약간씩, 올리브오일 20ml, 버터 20g, 가니시

1 소고기는 3cm 두께로 자르고 소금, 후추, 올리브오일, 로즈메리로 마리네이드한다.

2 에어프라이어 75도에서 15분, 뒤집어서 15분 구워준다(레스팅을 미리 하는 조리 방식).

3 팬에 오일을 두르고 강불로 빠르게 네 면을 구워(시어링) 육즙을 가둔다.

4 3에 버터와 로즈메리를 넣고 약불로 녹이면서 스테이크에 샤워시켜준다.

5 레스팅 없이 바로 잘라 섭취한다.

매시드콜리플라워

1 콜리플라워 200g, 양파 50g, 마늘 10g, 소금·후추를 약간 넣고 영양찜 모드로 10분 조리한다.

2 실리콘 주걱으로 으깬 후 버터 20g, 트러플오일 1T, 파르메산치즈 1T를 넣고 섞는다.

시어링

재료의 표면이 갈색이 되도록 강한 불에 구워 겉은 바삭하고 속은 촉촉한 상태를 만들어 준다. 마이야르 반응과 캐러멜화 반응으로 풍미를 제공하기 위한 조리법이다.

레스팅

붉은색 육류를 구워 익힌 뒤 몇 분간 휴지시켜 고기 중앙에 몰려 있던 피가 다시 전체적으로 분산되어 균일한 로제 상태를 만들어주는 시간이다.

마트의 정육 코너나 정육점에서 판매하는 스테이크용 고기는 보통 2cm 두께로 키토인에게는 구이용에 지나지 않죠. 꼭 3cm 두께로 썰어달라고 하세요. 고기의 두께와 기호에 따라 시간을 5분 단위로 조절하면 되고, 생로즈메리가 없다면 건로즈메리를 사용해도 괜찮아요.

찹스테이크

에프　　　200도　　　10분　　　유산지

180도　　　5분

재료

소고기 등심 250g, 소금 · 후추 · 올리브오일 약간씩, 슈가프리 케첩 1T, 슈가프리 BBQ소스 1T
노란파프리카 1/4개, 빨간파프리카 1/4개, 양파 1/6개, 브로콜리니 4개

1　등심을 먹기 좋은 크기로 잘라 소금, 후추, 올리브오일로 시즈닝한다.

2　20분간 둔다.

3　채소는 고기와 비슷한 크기로 잘라준다.

4　고기만 넣어 에어프라이어 200도에서 5분, 뒤집어서 5분 익혀준다.

5　익힌 고기와 채소를 모두 섞고 케첩과 BBQ소스를 넣는다.

6　온도를 낮춰 에어프라이어 180도에서 5분 굽는다.

 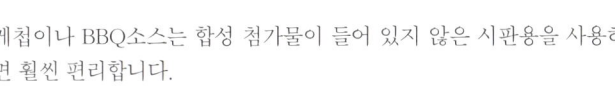

케첩이나 BBQ소스는 합성 첨가물이 들어 있지 않은 시판용을 사용하
면 훨씬 편리합니다.

파히타

에프   200도   12분   유산지

재료

소고기 등심 200g, 아보카도 1/2개, 양상추 70g, 코코넛 토르티야 1장

밑간   간장 1T, 알룰로스 0.5T, 참기름 0.5T, 후춧가루 약간
살사소스   토마토 1/2개, 양파 1/5개, 청양고추 2개, 레몬즙 1T, 올리브오일 2T, 소금·후추 약간씩

1   분량의 재료를 섞어 밑간할 양념을 만든다.

2   소고기 등심에 밑간하여 에어프라이어 200도에서 7분, 뒤집어서 5분 굽는다.

3   분량의 재료를 섞어 살사소스를 만든다.

4   아보카도는 꽃 모양으로 만들고 토르티야는 먹기 좋은 크기로, 양상추는 1cm 두께로
     썬다.

아보카도는 반으로 갈라 씨 없는 쪽을 꽃모양으로 만들어 보세요.
보기에도 에쁘고 한 겹씩 베어 먹는 재미도 있어요.
아보카도만 섭취할 경우 소금과 후추를 살짝 뿌려 먹으면 훨씬 맛있어요.

토마토미트볼그라탕

에프　　　200도　　　10분　　　유산지

영양찜　　　20분

재료(미트볼)
소고기 다짐육 150g, 다진양파 1T, 버터 10g, 소금·후추·갈릭파우더 약간씩

토마토소스
토마토퓌레 5T, 슈가프리 케첩 1T, 채 썬 양파 1/6개, 양송이버섯 2개, 소금·후추 약간
어니언파우더 1t, 갈릭파우더 1t, 고다치즈 1장

1　미트볼은 재료를 섞어 동그랗게 빚는다.

2　에어프라이어 200도에서 10분 굽는다.

3　분량의 재료를 섞어 토마토소스를 만든다.

4　밥솥에 2를 넣고 토마토소스를 부어 영양찜 모드로 20분 조리한다.

미트볼을 만들 때 스쿱을 사용하면 훨씬 편리해요.
에어프라이어와 밥솥의 합작품이에요. 밥솥에 조리할 때 생
크림을 조금 더 추가하면 로제 그라탕으로 즐길 수 있어요.
성분이 좋은 시판 소스를 활용하면 시간을 줄일 수 있어요.

크림함박스테이크

 에프   200도   10분 유산지

 영양찜   20분

재료(함박스테이크)

소고기 다짐육 150g, 다진양파 1T, 버터 10g, 소금·후추·갈릭파우더 약간씩

크림소스

휘핑크림 180ml, 편마늘 1톨분, 채 썬 양파 1/6개, 양송이버섯 2개, 소금

🍽

1 함박스테이크용 재료를 모두 섞어 패티를 만든다.

2 에어프라이어 200도에서 10분 굽는다.

3 양송이버섯은 0.5cm 두께로 편 썬다.

4 분량의 재료를 섞어 크림소스를 만든다.

5 구운 패티와 양송이버섯, 소스를 밥솥에 넣고 영양찜 모드로 20분 조리한다.

 꼭 동물성 유크림을 사용하세요.

에어프라이어와 밥솥을 같이 사용하면 더 다양하고 맛있는 음식을 많이 만들 수 있어요.

PART

2

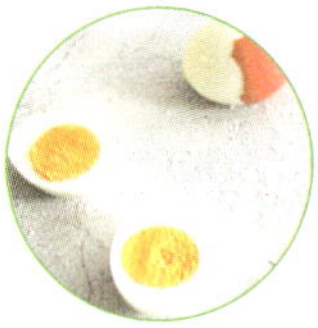

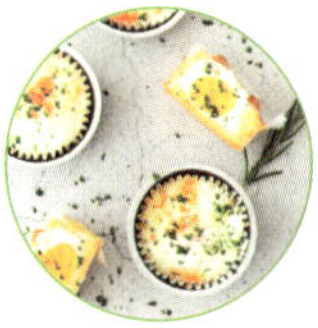

달걀과 닭고기

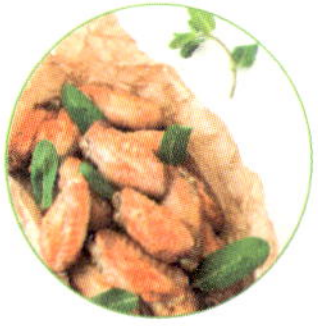

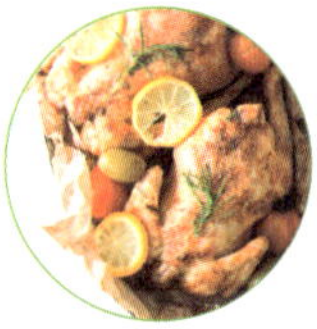

구운달걀

에프　160도　15분　철망

백미

재료
달걀 10개

1 　달걀은 실온에 3시간 이상 두어 냉기를 뺀다.

2 　에어프라이어에 철망을 넣고 160도에서 15분 조리한다.

3 　조리가 끝난 달걀은 바로 찬물에 넣어 식힌다.

1 　달걀은 실온에 3시간 이상 두어 냉기를 뺀다.

2 　밥솥에 달걀을 넣고 달걀 높이의 2/3 정도의 물을 채운다.

3 　백미 모드로 조리한다.

구운 달걀은 에어프라이어와 밥솥 둘 다 가능해요.
달걀의 냉기는 생각보다 오랜 시간을 두어야 빠집니다. 만약 냉기를 빼지 않고 조리하면 터질 위험
이 있어요. 싱크볼이나 일반 볼에 미지근한 물을 받아 담가두면 시간을 단축할 수 있어요.
에어프라이어의 사양에 따라 시간과 온도를 조절하고 기호에 따라 완숙과 반숙을 만들면 됩니다.
철망이 따로 있지 않은 에어프라이어는 바스켓만 사용해도 됩니다.

아보카도에그보트

| 에프 | 200도 | 5분 | 철망 |

| 140도 | 5분 |

재료

아보카도 1개, 달걀노른자 2개, 소금·후추 약간

🍽

1 아보카도는 반으로 잘라 씨를 제거한다.

2 아보카도 씨부분의 홈을 조금 더 파고 달걀노른자를 넣는다.

3 소금과 후추로 간한다.

4 에어프라이어 200도에서 5분 굽고 온도를 낮춰 140도에서 5분 굽는다.

💬 **팁**

아보카도는 뒤집지 않고 다시 140도로 온도를 낮춰 5분 구워요.
달걀의 크기가 작다면 아보카도의 홈을 조금 더 판 뒤 달걀의 흰자와 노른자를 분리하지 않고 다
넣어도 괜찮아요.

단호박에그슬럿

에프 180도 10분 철망

150도 5~15분

재료

미니단호박 1개, 고다치즈 1장, 달걀 1개, 슈레드 모차렐라치즈 1T, 소금·후추 약간

🍴

1 단호박은 깨끗하게 씻어 전자레인지에 3분 돌린다.

2 윗부분을 잘라 씨를 파낸다.

3 고다치즈를 호박 안쪽 바닥에 깔고 달걀을 넣어 소금과 후추를 뿌린다.

4 슈레드 모차렐라치즈로 덮는다.

5 에어프라이어 180도에서 10분 굽는다.

6 온도를 낮춰 에어프라이어 150도에서 5분(반숙), 10~15분(완숙) 조리한다.

💬 팁

단호박을 전자레인지에 3분가량 돌리면 윗부분을 자르기 쉬워요.
달걀은 반숙파와 완숙파로 분명히 갈리지요. 기호에 따라 조리시간을 조절하면 돼요.

프리타타

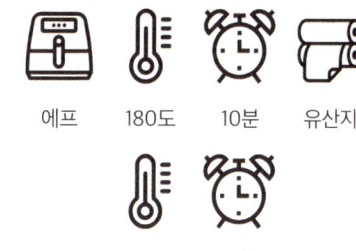

에프   180도   10분   유산지

150도   10분

재료

달걀 5개, 방울토마토 4개, 애호박 1/5개, 양파 1/4개, 단호박 50g, 슈레드 모차렐라치즈 40g
소금·후추 약간

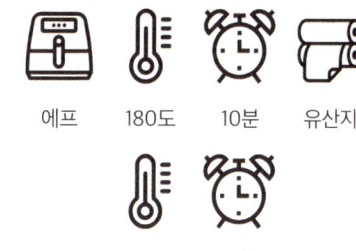

1 달걀은 잘 풀어둔다.

2 방울토마토는 세로로 2등분하고 애호박과 양파는 한입 크기로 썬다.

3 단호박은 초승달 모양으로 썬다.

4 풀어둔 달걀에 모든 재료를 섞는다.

5 오븐용 원형팬에 유산지를 깔고 재료를 넣는다.

6 원형팬을 에어프라이어에 넣고 180도에서 10분 굽고 온도를 낮춰 150도에서 10분 굽
   는다.

팁

냉장고에 남아 있는 자투리 채소를 넣어 만들어 보세요. 채소에 따라 다양한 맛을 즐길 수 있어요.
오븐용 원형팬이 없다면 내열용기를 사용하면 됩니다.

달걀빵

전자레인지   30초

에프   150도   15분   철망

재료(반죽)

녹인 버터 25g, 에리스리톨 5g, 달걀(특란) 1개, 소금 약간, 아몬드가루 40g, 베이킹파우더 2g

속재료

달걀 4개, 소금 약간, 파슬리 약간

1 버터를 전자레인지에 30초 돌려 녹인다.

2 달걀(특란)을 풀고 녹인 버터와 에리스리톨, 소금을 섞는다.

3 아몬드가루와 베이킹파우더는 체친 후 넣어 섞는다.

4 유산지를 깔고 반죽을 오목하게 담아준다.

5 달걀을 하나씩 넣고 소금을 약간 뿌려준다.

6 에어프라이어 150도에서 15분 작동한다.

7 파슬리를 뿌려낸다.

버터를 녹일 때 꼭 랩을 씌워 버터가 튀는 것을 방지하세요. 작은 빵틀이 없다면 종이컵을 이용해도 괜찮아요. 종이컵을 조금 자른 후 컵유산지를 넣어 사용하면 편리합니다.
반죽에 채소, 베이컨, 소시지 등 다양한 재료를 추가해 보세요. 각각 다른 빵맛을 즐길 수 있어요.

로스트치킨

에프   200도   35분   철망

재료

닭 5~6호 2마리, 오일스프레이, 갈릭파우더, 어니언파우더

염지물

물 500ml, 식초 20g, 후추 5g, 소금 15g, 대장부소주 1/2병, 갈릭파우더 10g

🍴

1 닭은 내장을 깨끗하게 제거하여 씻는다.

2 염지물을 만들어 지퍼락에 담아 닭을 넣고 하룻밤 냉장 염지한다.

3 물기를 제거한 후 오일스프레이를 도포한다.

4 갈릭파우더와 어니언파우더를 가볍게 입혀 에어프라이어 200도에서 25분, 뒤집어서
   10분 조리한다.

닭은 무게에 따라 소, 중소, 중, 대로 나뉩니다.
5호: 451~550g, 6호: 551~650g으로 소형입니다.
7호: 651~750g, 8호: 751~850g, 9호: 851~950g으로 중소형입니다.
10호: 951~1050g, 11호: 1051~1150g, 12호: 1151~1250g으로 중협니다.
13호: 1251~1350g, 14호: 1351~1450g으로 대형입니다.

치킨텐더

에프 | 180도 | 15분 | 유산지

재료
닭안심 200g, 소금·후추 약간, 대장부소주 1T, 달걀 1개, 타피오카전분 1T
단백질과자 40g, 오일스프레이

1 닭안심에 소금과 후추를 충분히 뿌리고 대장부소주를 넣어 30분 둔다.

2 달걀은 풀고 단백질과자는 잘게 부순다.

3 재워둔 닭안심에 타피오카전분을 얇게 뿌려 옷을 입힌다.

4 달걀물을 적시고 단백질과자 가루를 입혀준다.

5 에어프라이어 180도에서 5분 익히고 오일스프레이를 분사한 후 5분 더 익힌다.

6 뒤집어서 오일스프레이를 다시 분사한 후 5분 더 익힌다.

팁
오일스프레이가 없다면 군이 살 필요 없이 쿠킹브러시를 이용하거
나 장갑을 낀 손으로 닭안심에 오일을 묻혀주면 됩니다.

메이플윙

에프　　200도　　25분　　유산지

재료
닭윙 500g, 소금·후추 약간, 대장부소주 2T

시즈닝
갈릭파우더 0.5T, 올리브오일 1T, 슈가프리 메이플시럽 2T

1　윙에 소금, 후추, 대장부소주를 넣고 버무려 20분 둔다.

2　분량의 시즈닝 재료를 섞어 1에 뿌려준다.

3　에어프라이어 200도에서 15분, 뒤집어서 10분 굽는다.

팁　메이플시럽 대신 알룰로스를 사용해도 되고, 물에 에리스리톨을 약간 섞어 녹인
　　　후 사용해도 됩니다.

매콤닭봉조림

에프　　　200도　　　10분　　　유산지

중약불

재료

닭봉 400g, 다진생강 1t, 소금·후추 약간

소스

간장 2T, 물 1T, 대장부소주 1T, 알룰로스 1T, 슈가프리 BBQ소스 1T, 후춧가루 약간
청양고추 2개, 홍고추 1개

🍽️

1　닭봉을 씻어 다진생강, 소금, 후추를 넣어 버무린 후 20분 둔다.

2　에어프라이어 200도에서 5분, 뒤집어서 5분 굽는다.

3　청양고추와 홍고추는 송송 썬다.

4　소스 재료를 모두 섞어 프라이팬에 넣는다.

5　초벌한 닭봉을 프라이팬에 넣고 소스가 자작하게 남을 때까지 중약불로 졸여준다.

 소스로 간을 한 후 에어프라이어에 굽게 되면 구울 때 다 타버립니다.
에어프라이어에서 초벌로 익힌 닭봉에 소스를 넣어 프라이팬에서 익혀
주세요. 다진생강으로 닭고기의 잡내를 없애고 2차로 소주를 이용하면
남아 있을 수 있는 잡내를 잡아줍니다.

PART

3

생선과 해산물

중국식도미찜

에프　　180도　　25분　　철망　　중약불

재료

돔 1마리, 생강 1톨, 대장부소주 2T

간장소스 간장 2T, 물 2T, 알룰로스 1T, 대장부소주 2T, 들기름 0.5T
오일소스 아보카도오일 50ml, 베트남고추 5개, 생강채 5g
가니시 파채 100g, 홍고추 1개, 청양고추 1개, 레몬 1/2개

1 돔은 비늘을 제거하고 배를 갈라 내장을 제거한다.

2 칼집을 내고 슬라이스한 생강을 사이사이에 끼워준다.

3 포일에 돔을 올리고 대장부소주를 뿌린 후 다른 포일로 덮어 사방을 접어준다.

4 에어프라이어 180도에서 25분 구워 쪄낸다.

5 분량의 간장소스를 모두 섞어 팬에 넣고 파르르 끓어오르면 불을 꺼준다.

6 접시에 파채를 깔고 돔을 얹어 생강을 제거한 후 슬라이스한 레몬을 끼우고 돔 위로
　간장소스를 부어준다.

7 분량의 오일소스를 모두 담아 생강향이 배일 때까지 끓인다.

8 돔 위에 7의 오일소스를 뿌리고 청양고추와 홍고추를 송송 썰어 마무리한다.

팁

돔은 에어프라이어 대신 찜기에 15분가량 쪄도 좋아요. 생선의 크
기에 따라 조리 시간은 달라집니다. 돔에 소주를 뿌릴 때 분사기를
이용하면 좋지만 그냥 뿌려도 무방하고 브러시로 충분히 발라줘도
괜찮습니다.

연어스테이크

에프　　200도　　15분　　유산지

재료
연어 200~250g, 소금·후추·올리브오일 약간

타르타르소스
다진양파 1T, 마요네즈 2T, 레몬즙 1T, 후추 약간

1　연어는 소금과 후추, 올리브오일로 밑간한다.

2　에어프라이어 200도에서 10분 익힌다.

3　연어를 뒤집고 가니시를 추가한다.

4　가니시에 올리브오일과 소금, 후추를 약간 뿌려준다.

5　에어프라이어 200도에서 5분 익힌 후 타르타르소스를 끼얹는다.

 기호에 따라 타르타르소스에 허브를 넣어도 좋고 감미료나 다진 피클을 넣어
도 좋아요.

연어파피요트

에프   180도   15분   유산지

재료

연어 200~250g, 소금·후추·올리브오일 약간, 레몬 1/2개, 화이트와인 2T
타임 약간, 브로콜리니 3개, 피망 약간

1 연어는 소금, 후추, 올리브오일로 밑간하여 20분 둔다.

2 종이 포일에 슬라이스한 레몬을 깔고 연어를 올려준다.

3 사이드에 가니시를 추가한다.

4 화이트와인을 뿌리고 다른 종이 포일로 덮어 가장자리를 돌돌 말아 밀봉한다.

5 에어프라이어 180도에서 15분 익힌다.

 파피요트는 밀봉해서 열을 가해 찌는 조리 방법입니다.
스테이크와 또 다른 맛을 즐길 수 있어요.

감바스알아히요

에프　　　200도　　　10분

재료

손질된 새우 10~15마리, 마늘 5쪽, 청양고추 1개, 올리브오일 120ml, 페퍼론치노홀 5~6개
소금·후추 약간

1　새우는 깨끗하게 씻어 물기를 제거한다.

2　마늘은 편 썰고 청양고추는 송송 썬다.

3　내열팬을 포일로 감싸고 모든 재료를 섞어 넣는다.

4　에어프라이어 200도에서 7분, 뒤집어서 3분 구워준다.

팁

새우는 손질된 대하를 사용했어요. 새우의 물기를 제거할 때는 키친타월을 이용하면 편리해요.
페퍼론치노홀은 기호에 따라 잘게 부수어 넣어도 되고 강한 매운 맛이 싫다면 넣지 않아도 괜찮아
요. 청양고추 또한 입맛에 따라 넣으면 됩니다.

갈릭버터새우구이

전자레인지 10초 이상

에프　　　180도　　　15분　　　유산지

재료
새우(대) 10마리, 마늘 3쪽, 버터 20g, 소금·후추 약간

🍴

1　새우는 잘 손질한 후 깨끗하게 씻어 키친타월로 물기를 제거한다.

2　버터는 굳은 상태에 따라 전자레인지에 10초 이상 돌려 녹인다.

3　새우의 앞뒤로 버터를 발라준다.

4　소금과 후추로 밑간한다.

5　마늘은 편 썰어 듬성듬성 올려준다.

6　에어프라이어 180도에서 10분, 뒤집어서 5분 익힌다.

팁

편마늘 대신 다진마늘을 사용해도 괜찮아요.
버터를 직접 바르기보다 버터스프레이를 사용하면 훨씬 편리해요.

코코넛쉬림프

에프 150도 20분 유산지

재료

새우 8~10마리, 달걀 1개, 소금·후추 약간, 코코넛 슬라이스 1컵, 오일스프레이

스윗칠리소스

고춧가루 0.5T, 알룰로스 0.5T, 슈가프리 케첩 2T, 다진마늘 0.5t, 물 2T

🍽️

1 새우는 잘 손질한 후 깨끗하게 씻어 키친타월로 물기를 제거한다.

2 소금과 후추를 뿌려 밑간한다.

3 달걀을 잘 풀어 새우에 입히고 코코넛 슬라이스를 묻혀준다.

4 유산지에 오일스프레이를 분사하고 새우를 올린다.

5 새우 위에 오일을 도포한다.

6 에어프라이어 150도에서 10분, 뒤집어서 10분 조리한다.

스윗칠리소스

1 모든 재료를 넣고 약불로 졸여준다.

2 알룰로스는 기호에 따라 가감한다.

 새콤한 맛을 좋아한다면 소스에 식초 1T를 첨가해도 좋아요.

새우완탕

에프 　　 200도 　　 8분 　　 유산지

재료(완자)

새우 300g, 다진당근 2T, 다진양파 2T, 소금·후추 약간

육수 멸치다시마육수 1포, 찬물 600ml, 간장 2T
가니시 표고버섯 1개, 쑥갓 한 줌

🍽️

1　새우는 깨끗하게 씻어 키친타월로 물기를 제거한 후 찰기가 생기도록 다진다.

2　다진 새우에 당근, 양파를 섞어 소금과 후추로 밑간한다.

3　2를 8개 분량으로 나누어 동그랗게 성형한다.

4　에어프라이어 200도에서 5분, 뒤집어서 3분 익힌다.

5　냄비에 찬물을 붓고 육수용 멸치다시마 1포를 넣어 끓기 시작하면 5분간 더 끓여 육수가 충분히 우러나도록 한다.

6　5에 새우완자를 넣고 한소끔 끓인다.

7　간장으로 간을 맞추고 가니시는 먹기 직전에 준비한다.

 팁

　새우를 다질 때 믹서기를 이용하면 편리해요. 끓는 물에 새우완자를 익혀도 좋지만 깔끔한 국물을 내기 위해서 에어프라이어에 먼저 익혀 주었어요.
　멸치다시마육수는 시판용을 사용해도 되고 따로 육수를 만들어도 돼요. 손질한 멸치 10마리+다시마 5×5 크기 2장+물 800ml

치즈가리비구이

에프　　180도　　5분　　유산지

재료
가리비(대) 5개, 다진양파 5t, 다진피망 5t, 청양고추 2개, 스리라차소스, 슈레드 모차렐라치즈 10T

1　가리비는 깨끗이 씻어 반으로 갈라 두 개로 만든다.

2　다진양파 0.5t, 다진피망 0.5t, 슬라이스 청양고추 2~3조각, 스리라차소스를 섞어 가
　　리비 위에 올린다.

3　2에 슈레드 모차렐라치즈를 수북하게 1T씩 올린다.

4　에어프라이어 180도에서 5분 구워준다.

팁　어패류는 신선도를 유지하지 못하면 식중독에 걸리기 쉬우니 신선할 때 올바른 조리법으로 예방하
세요.

와인조개찜

에프   180도   25분   철망

재료

바지락 30개, 마늘 2톨, 양파 1/6개, 화이트와인 50ml, 페퍼론치노홀 4~5개
올리브오일 1T, 소금·후추 약간, 천일염 0.5T, 송송 썬 쪽파 약간

1 바지락은 천일염을 넣고 해감한다.

2 마늘은 편 썰고 양파는 사방 1cm 크기로 깍둑 썬다.

3 종이 포일을 깔고 모든 재료를 넣는다.

4 그 위에 포일을 덮고 가장자리를 돌돌 말아 밀봉한다.

5 에어프라이어 180도에서 25분 조리한다.

바지락 해감

1 바지락이 전부 물에 잠기도록 물을 부어준다.

2 천일염이나 꽃소금을 넣어 녹을 수 있게 잘 저어준다.

3 포일이나 검정 비닐봉지, 신문지 등을 덮어 서늘한 곳에 3시간 정도 둔다.

4 해감한 바지락을 깨끗이 씻어 요리에 사용한다.

 페퍼론치노홀을 통째로 넣기보다 잘게 부수어 넣으면 더 매콤하고 칼칼한 맛을 즐길 수 있어요.

오징어버터구이

에프   180도   10분   철망

재료

반건조 오징어 1마리, 버터 10g

1 오징어는 내장과 눈, 입을 제거하고 깨끗이 손질하여 씻어둔다.

2 버터를 녹여 오징어에 넓게 펴 바른다.

3 에어프라이어 180도에서 5분, 뒤집어서 5분 굽는다.

팁

오징어는 데치거나 구울 때 잘 말려들기 때문에 몸통의 양쪽 가장자리에 칼집을 넣거나 간격을 맞춰 가위로 잘라주면 원형에 가깝게 구울 수 있어요. 기호에 따라 소스를 준비해 주세요. 마요네즈에 청양고추를 올려도 좋고, 고추장을 찍어 먹어도 맛있어요. 마요네즈에 스리라차소스를 섞어도 별미입니다. 버터는 무염을 사용했습니다.

카레오징어구이

에프　180도　10분　유산지

재료

오징어 1마리

양념

커리파우더 2t, 올리브오일 1T, 간장 0.5T, 알룰로스 1T, 고춧가루 0.5T, 후춧가루 약간

🍽️

1　오징어는 내장과 눈, 입을 제거하고 몸통째 깨끗하게 씻어 다리와 분리한다.

2　분량의 양념 재료를 잘 섞는다.

3　양념을 오징어에 골고루 펴 바른 후 20분 둔다.

4　에어프라이어 180도에서 5분, 뒤집어서 5분 구워준다.

팁　양념이 잘 배이도록 오징어 몸통의 양쪽 가장자리를 가위로 잘라줍니다.

어묵꼬치

에프　　180도　　5분　　유산지

재료

넓은 어묵 2장

소스

간장 0.5T, 다진마늘 05t, 슈가프리 케첩 1T, 저당질 고추장 0.5T, 알룰로스 0.5T

1 어묵을 끓는 물에 살짝 데쳐준다.

2 어묵을 길게 반으로 갈라 꼬치에 끼운다.

3 분량의 재료를 섞어 소스를 만들어 어묵 한쪽에 골고루 펴 발라준다.

4 에어프라이어 180도에서 3분 구워준다.

5 뒤집어서 소스를 바른 후 다시 2분 구워준다.

팁

어묵은 식품첨가물이 최소화된 제품으로 구매하는
게 좋아요. 사용된 어묵은 설탕이 약간 들어 있지만
식품첨가물은 없어요.
끓는 물에 살짝 데치면 식감이 부드러워지고 당분
(설탕)도 제거됩니다.

참치피망튀김

에프 | 180도 | 10분 | 유산지

재료

피망 1개, 타피오카전분 1T, 달걀 1개, 단백질과자 40g

튀김소

통조림참치 1캔, 다진양파 1T, 다진당근 2T, 마요네즈 1.5T, 후춧가루 약간

1 피망은 깨끗이 씻은 후 물기를 제거하고 세로 결대로 잘라 보트 형태로 준비한다.

2 달걀은 풀어 두고 단백질과자는 잘게 부순다.

3 참치의 기름을 제거하고 튀김소의 모든 재료는 섞는다.

4 피망 안쪽에 타피오카전분을 얇게 뿌린 후 소를 채우고 달걀물을 발라준다.

5 부순 과자를 달걀물 위에 골고루 묻혀준다.

6 에어프라이어 180도에서 10분 구워준다.

팁   단백질 과자 대신 돼지껍데기 튀김을 사용해도 좋아요.

황태스낵

에프   180도   3분   철망

재료

황태 40~50g

소스

마요네즈 1.5T, 청양고추 1개, 간장 0.5T

1 황태를 먹기 좋은 크기로 잘라준다.

2 에어프라이어 180도에서 3분 굽는다.

3 청양고추는 잘게 다지거나 얇게 송송 썰어준다.

4 간장에 마요네즈를 올리고 청양고추를 뿌려 곁들인다.

팁

소스를 만들 때 간장에 물을 조금 섞으면 짠맛을 줄일 수 있어요.
황태에 버터스프레이를 뿌리고 고운 에리스리톨 가루를 살짝 뿌려주면 색다르게 즐길 수 있어요.
팬에 버터를 녹이고 황태를 볶듯이 구워주면 맛있는 황태스낵이 됩니다.

PART

4

간식과 디저트

애호박뢰스티

에프　　180도　　12분　　유산지

재료

애호박 1/2개, 스팸 1/3개, 슈레드 모차렐라치즈 40g, 소금·후추 약간

🍽️

1　애호박과 스팸을 가늘게 채 썬다.

2　애호박에 소금을 약간 뿌리고 5~7분 후 수분이 흥건히 나오면 물기를 꼭 짜준다.

3　모든 재료를 섞어 에어프라이어에 넣는다.

4　에어프라이어 180도에서 5분 익힌다.

5　에어프라이어를 열어 모양을 둥글게 만들어준다.

6　180도에서 7분 익힌다.

💬 **팁**

스팸이 충분히 짜기 때문에 따로 간을 하지 않아도 되므로 후추만 추가하면 돼요.
스팸을 자르기 전에 뜨거운 물에 살짝 담갔다 사용하면 캔에서 엉겨붙은 기름기나 합성첨가물, 잡
내 등을 어느 정도 제거할 수 있어요.

코코넛단호박구이

에프　　　180도　　　20분　　　유산지

재료

단호박 1/2개, 코코넛오일 2T, 소금 약간

1　단호박을 반으로 가른 후 씨를 제거한다.

2　0.5cm 두께로 잘라준다.

3　소금과 코코넛오일을 넣고 섞는다.

4　에어프라이어 180도에서 10분, 뒤집어서 10분 굽는다.

　단호박을 자르기 전 전자레인지에 살짝 돌리면 자르기 쉬워요.
　　　소금은 아주 조금만 사용하세요.

단호박그라탕

전자레인지   6분

에프   170도   7분   철망

재료

미니단호박 1개, 소금, 후추, 다진양파 1T, 다진피망 1T, 슈레드 모차렐라치즈 80g

1   단호박은 깨끗이 씻어 전자레인지에 2분 돌려 말랑하게 만든다.

2   씨와 껍질을 제거하고 잘게 썬다.

3   그릇에 담아 랩을 씌우고 전자레인지에 4분 돌린다.

4   포크로 잘게 으깬 후 모든 재료를 넣어 섞는다.

5   내열용기에 담아 에어프라이어 170도에서 7분 익힌다.

🗨️팁   내열용기가 없다면 종이컵에 조금씩 담아서 익혀도 괜찮아요.

바스크치즈케이크

에프 　200도 　30분 　철망

재료

크림치즈 400g, 휘핑크림 50ml, 달걀 2개, 에리스리톨 80g, 바닐라익스트랙 1t

🍽️

1 크림치즈를 휘핑기로 충분히 풀어준다.

2 에리스리톨은 세 번에 나누어 섞는다.

3 달걀은 1개씩 넣어가며 충분히 휘핑한다.

4 휘핑크림과 바닐라익스트랙을 넣고 믹스한다.

5 체에 걸러 반죽을 부드럽게 만든다.

6 1호 원형팬에 유산지를 깔고 그 위에 반죽을 부어준다.

7 에어프라이어 200도에서 30분 굽는다.

💬 팁

케이크가 충분히 식은 후에 섭취하세요. 부드러운 식감을 원한다면 휘핑크림을
100ml까지 추가해도 괜찮아요.
1호 원형팬의 크기는 지름 15cm입니다.
원형팬 크기의 지름은 미니: 12cm, 2호: 18cm, 3호: 21cm, 4호: 24cm입니다.

브리치즈구이

에프　160도　7분　철망

재료

브리치즈 1개, 슈가프리 메이플시럽 1T, 견과류 한 줌, 슈가프리 블루베리잼 0.5T

🍽️

1 젓가락이나 포크를 이용해 브리치즈에 구멍을 여러 개 만들어 준다.

2 메이플시럽 0.5T를 뿌리고 그 위에 견과류를 토핑한다.

3 남은 메이플시럽은 견과류 위에 뿌린다.

4 에어프라이어 160도에서 7분 굽는다.

5 블루베리잼을 토핑한 후 마무리한다.

 브리치즈 대신 카망베르치즈를 사용해도 됩니다.
블루베리잼이 없다면 베리류 생과일이나 딸기잼(150쪽)을 올려도 무방합니다.

크림치즈머핀

에프　170도　25분　철망

재료

달걀 2개, 크림치즈 150g, 아몬드가루 120g, 에리스리톨 60g, 베이킹파우더 7g
바닐라익스트랙 약간, 소금 약간

🍽

1 달걀은 아이보리색이 될 때까지 풀어준다.

2 크림치즈와 바닐라익스트랙을 1에 넣어 잘 섞어준다.

3 아몬드가루, 에리스리톨, 베이킹파우더, 소금을 체쳐준다.

4 2와 3이 질척한 반죽이 되도록 휘퍼를 이용해 잘 섞어준다.

5 머핀틀에 반씩 채워준다.

6 에어프라이어 170도에서 25분 구워준다.

팁　달걀과 크림치즈는 상온에 두었다가 사용하세요.

치즈스틱

에프　　180도　　5분　　유산지

재료

스트링치즈 4개, 달걀물 1/2개 분량, 부순 단백질과자 20g, 파슬리가루 약간

1 부순 단백질과자와 파슬리가루를 섞는다.

2 스트링치즈를 달걀물에 담갔다가 단백질과자를 입혀준다.

3 에어프라이어 180도에서 3분, 뒤집어서 2분 굽는다.

팁　　치즈스틱은 식기 전에 먹어야 맛있어요. 먹을 만큼씩 해서 드세요.

핫도그

에프　　　160도　　　20분　　　유산지

재료

소시지 2개, 머스터드, 슈가프리 케첩

반죽

달걀 2개, 애사비 5g, 코코넛가루 20g, 아몬드가루 20g, 차전자피 10g, 베이킹소다 2g

🍽️

1　소시지는 끓는 물에 살짝 데쳐 합성 첨가물을 일부 제거한다.

2　반죽에 들어갈 가루류는 체치고 모두 섞어 반죽한다.

3　소시지를 꼬치에 끼운다.

4　반죽을 2등분하여 손에 물을 묻힌 뒤 소시지에 감싸 둥글게 성형한다.

5　에어프라이어 160도에서 10분, 뒤집어서 10분 조리한다.

팁

핫도그 표면이 울퉁불퉁하지 않도록 손에 물을 묻혀 매끈하게 만들어요.
소시지나 핫도그 크기에 따라 조리 시간을 조절하면 됩니다.

선드라이드토마토

에프   200도   17분   철망

재료
방울토마토 20알, 후추, 올리브오일 1T

🍽️

1 방울토마토는 깨끗이 씻어 물기를 제거한다.

2 방울토마토는 세로로 2등분한다.

3 후추와 올리브오일을 넣고 버무리듯 섞는다.

4 에어프라이어 200도에서 7분, 뒤집어서 10분 굽는다.

 선드라이드 토마토를 올리브오일에 재워두면 파스타요리나 샐러드 등에 활용하기 좋아요.

전기밥솥

저탄고지에 매우 적합한 주방 가전으로
이름과 달리 밥을 위한 용도뿐 아니라
국, 탕, 찌개, 찜 등
고기와 생선 그 무엇을 넣더라도
알맞은 기능만 눌러주면
요리가 된다.
심지어 케이크나 빵도 만들 수 있다.

무엇보다 인스턴트팟이라는 새로운 도구를
따로 구입하지 않아도 그 이상의 기능을 한다.

이 편리한 기계에
맛있는 키토식 요리를 해보자.

PART
5

전기밥솥과 전자레인지

BBQ폭립

영양찜   20분

에프   200도   13분   철망

재료

돼지고기 등갈비 500g, 양파 1개, 소금·후추·오레가노 약간씩, 대장부소주 2T, 물 30ml
슈가프리 BBQ소스 2T

🍽️

1 등갈비는 찬물에 담가 핏물을 제거한다.

2 핏물을 제거한 등갈비는 소금, 후추, 오레가노로 밑간하고 20분 둔다.

3 양파를 둥글게 4등분하고 밥솥에 깔아준다.

4 등갈비를 올리고 대장부소주 2T, 물 30ml를 넣는다.

5 영양찜 모드로 20분 조리한다.

6 조리가 끝나면 BBQ소스를 바르고 에어프라이어 200도에서 8분 굽는다.

7 뒤집어서 소스를 바르고 5분 더 구워준다.

밥솥에 등갈비를 먼저 조리하면 에어프라이어만 사용한 것보다 훨씬 부드러운 식감
을 느낄 수 있어요. 미리 조리해 속이 익은 등갈비를 에어프라이어에 구워 겉의 수분
을 날리면 겉바속촉의 식감을 즐길 수 있어요.

닭날개연근조림

일반밥

재료

닭날개 400g, 연근 150g, 후추·핑크페퍼·타임 약간

소스

발사믹식초 2T, 간장 2T, 알룰로스 1T, 물 3T, 갈릭파우더 1t

1 닭날개는 깨끗이 씻는다.

2 연근은 깨끗이 씻어 껍질을 벗기고 0.5cm 두께로 썰어둔다.

3 분량의 재료를 모두 섞어 소스를 만든다.

4 닭날개와 연근을 밥솥에 넣고 소스를 붓는다.

5 일반밥 모드로 조리한 후 핑크페퍼를 뿌리고 타임으로 장식한다.

팁

핑크페퍼가 없다면 생략해도 괜찮아요. 비주얼의 차이는 있습니다.
타임은 건허브를 사용해도 괜찮아요.

등갈비김치찜

영양찜   50분

재료
등갈비 1kg, 배추김치 1/4포기, 청양고추 3개, 양파 1/2개, 송송 썬 쪽파 약간
김치국물 150ml, 생수 200ml

양념
다진마늘 1T, 간장 4T, 고춧가루 3T, 에리스리톨 1T, 다진생강 0.5T

1 등갈비는 찬물에 담가 핏물을 제거한다.

2 분량의 재료를 모두 섞어 양념을 만든다.

3 등갈비에 2의 양념을 넣고 재운다(냉장 1시간 이상).

4 양파는 두껍게 썰고 고추는 어슷 썰어 밥솥 바닥에 깔아준다.

5 양념한 등갈비를 넣고 김치를 맨 위에 올린다.

6 김치국물과 생수를 넣고 영양찜 모드로 50분 조리한다.

7 쪽파를 올려 마무리한다.

 핏물을 제거한 등갈비를 초벌로 데친 후 찬물로 씻어주면 더욱 깔끔한 결과물을 얻을 수 있어요.

밀푀유나베

영양찜   10분

재료

차돌박이 300g, 알배추 1/2통, 깻잎 30장, 멸치다시마육수 500ml

소스

달걀노른자 1개, 멸치액젓 1T, 물 0.5T

🍽️

1 알배추는 낱장으로 뜯고 깻잎과 함께 깨끗이 씻는다.

2 차돌박이는 키친타월을 이용해 핏물을 적당히 제거한다.

3 배추를 맨 아래에 깔고 깻잎 2~3장을 올린 후 차돌박이를 크기에 맞게 포갠다.

4 3의 과정을 세 번 반복하고 3등분한 후 밥솥 가장자리부터 세워서 돌려준다.

5 멸치다시마육수 500ml를 부어준다.

6 영양찜 모드로 10분 조리한다.

7 달걀노른자에 멸치액젓과 물을 섞어 넣고 소스를 만든다.

💬 팁

밀푀유나베는 요리초보자도 만들기 쉽지요. 기호에 따라 숙주나물과 버섯을 넣어도 좋아요.
익은 밀푀유를 소스에 찍어 먹으면 고소한 맛이 일품이에요.
멸치액젓이 없다면 까나리액젓이나 참치액젓을 사용해도 괜찮아요.

볼로네제소스

건강죽   2시간

재료

소고기 다짐육 400g, 양파 1개, 당근 1/3개, 셀러리 1줄기, 토마토퓌레 200g
레드와인 100ml, 버터 20g, 파르메산치즈 20g, 파슬리·오레가노·소금·후추·월계수잎

1   양파, 당근, 셀러리는 다지고 모든 재료를 잘 섞는다.

2   밥솥에 넣고 건강죽 모드로 1시간 정도 끓인다.

3   다시 섞은 후 월계수잎을 제거하고 건강죽 모드로 1시간 끓인다.

팁

파르메산치즈는 가루치즈를 사용하고 허브는 말린 가루 허브를 사용하면 됩니다.
볼로네제소스는 냄비를 이용해 조리하면 오랜 시간 매달려 있어야 해요. 밥솥을 이용하면 비슷한
결과물뿐 아니라 주방에서 어느 정도 해방될 수 있습니다.

비프부르기뇽

영양찜　　50분

재료

소고기 300g, 소금·후추·로즈메리·올리브오일 약간씩, 양파 50g, 마늘 2쪽, 버터 10g, 당근 1/2개
양송이버섯 5~7개, 아스파라거스 4줄기, 레드와인 100ml, 사골 70ml, 월계수잎 1~2개

1　소고기는 깍둑 썰어 소금, 후추, 올리브오일, 로즈메리를 넣어 마리네이드한다.

2　마리네이드한 소고기와 당근, 아스파라거스, 양파, 마늘, 양송이버섯, 버터를 밥솥에
　　넣고 영양찜 모드로 10분 조리한다.

3　아스파라거스와 양송이버섯을 꺼내 둔다.

4　사골 70ml, 레드와인 100ml, 월계수잎 1~2장을 넣고 영양찜 모드로 40분 조리한다.

5　꺼내 둔 아스파라거스와 양송이를 같이 섞는다.

6　소금과 후추로 최종 간을 한다.

팁

　　아스파라거스와 양송이버섯을 미리 꺼내 두어야 무르지 않은 식감을 느낄 수 있어요.

삼겹살배추찜

영양찜　　20분

재료
삼겹살 400g, 알배추 1/2통, 소금·후추·쪽파 약간씩, 화이트와인 150ml

소스
간장 2T, 알룰로스 1T, 애플사이다비네거(식초) 1T, 송송 썬 청양고추 2개

1　알배추는 낱장으로 뜯어 깨끗하게 씻어 3등분한다.

2　삼겹살은 한입 크기로 썬다.

3　배추를 밥솥에 깔고 삼겹살을 올린 후 소금과 후추를 뿌려준다.

4　3을 반복하여 3층으로 쌓아준다.

5　쪽파는 잘게 썰어 뿌리고 영양찜 모드로 20분 조리한다.

6　분량의 재료를 모두 섞어 소스를 만들어 곁들인다.

쪽파는 기호에 따라 조리가 다 된 후 뿌려도 괜찮아요.

소갈비찜

영양찜   1시간

재료

갈비 1kg, 당근 5조각, 무 5조각, 표고버섯 3개

양념

다진대파 2T, 생강즙 20ml, 다진마늘 1T, 간장 60g, 에리스리톨 70g, 대장부소주 30g
들기름 1.5T, 후추 약간

1 갈비는 핏물을 제거하고 깨끗이 씻는다.

2 분량의 재료를 섞어 양념을 만들고 갈비를 재워 반나절 정도 냉장고에서 숙성한다.

3 당근과 무는 돌려깎고 버섯은 칼집을 넣어 별모양을 만든다.

4 재워둔 갈비는 영양찜 모드로 40분 조리한다.

5 4에 당근, 무, 버섯을 넣어 섞고 영양찜 모드로 다시 20분 조리한다.

🗨️ 팁
　　　핏물을 제거한 갈비를 초벌로 데친 후 찬물로 씻어주면 더욱 깔끔한 결과물을 얻을 수 있어요. 당근
과 무를 자른 후 뾰족한 부분을 돌려깎으면 조리 시 부서지지 않아요.

소꼬리찜

잡곡밥

재료

소꼬리 1.5kg, 대장부소주 3잔(소주잔), 물 2잔(소주잔), 월계수잎 10장, 양파 1개
잘게 썬 부추 1줌, 깨소금 약간

소스

간장 1T, 애플사이다비네거 2T, 대장부소주 2T, 알룰로스 1T

1 소꼬리를 찬물에 담가 반나절 정도 핏물을 제거한다.

2 냄비에 대장부소주 1잔, 월계수잎 5장을 넣고 소꼬리를 살짝 삶은 후 찬물에 씻어 불
   순물을 제거한다.

3 양파를 둥글게 4등분하여 밥솥에 깔아준다.

4 그 위에 씻은 소꼬리를 담고 대장부소주 2잔, 물 2잔, 월계수잎 5장을 넣고 잡곡밥 모
   드로 눌러준다.

5 고기가 익으면 접시에 담고 그 위에 소스를 부어준다.

6 부추와 깨소금을 올려서 마무리한다.

팁

불순물을 제거하기 위해 소꼬리를 삶을 때 너무 오래 삶게 되면 육즙이 다 빠져요.
고기의 양을 늘렸거나 더 부드러운 고기를 원한다면 현미밥 모드로 조리하세요.

양갈비레드와인찜

중불　　영양찜　　70분

재료

양고기 프렌치랙 800g, 올리브오일

시즈닝　소금·후추·쿠민·커리파우더·타임 약간씩
소스　레드와인 200ml, 토마토퓌레 400g, 양파 1개, 다진마늘 1t

1　양고기 프렌치랙에 시즈닝을 하고 30분 둔다.

2　올리브오일을 두른 팬에 프렌치랙을 앞뒤로 가볍게 굽는다.

3　양파는 채 썰어 밥솥 바닥에 깔고 시즈닝한 랙을 올린다.

4　그 위에 소스를 넣고 영양찜 모드로 70분 조리한다.

팁

프렌치(French)는 '프랑스의'라는 뜻이 아니고 큰 고깃덩어리를 갈비뼈마다 썰어낸 후 불필요한 부위를 제거하고 적당한 마블링과 육즙을 느낄 수 있도록 프렌치 과정을 거친 갈비입니다. 생허브 대신 건허브를 사용해도 괜찮아요.

저수분수육과콩나물무침

잡곡밥

재료

돼지고기 수육용 통오겹살 800g, 소금·후추 약간씩, 월계수잎 3~4장, 대장부소주 30ml
물 20ml, 양파 1개

1 오겹살은 소금과 후추로 밑간을 한다.

2 양파는 원형을 살려 1cm 두께로 자른다.

3 자른 양파를 밥솥에 깔고 고기를 넣고 월계수 잎을 올린다.

4 소주와 물을 넣고 잡곡밥 모드로 조리한다.

콩나물 무침

콩나물 300g, 간장 0.5T, 다진마늘 0.5t, 고춧가루 1T, 들기름 1T, 쪽파 약간, 통깨 약간, 소금

1 소금을 넣은 물이 끓어오르면 콩나물 300g을 넣고 4분 데친다.

2 찬물에 헹구어 체에 밭쳐 물기를 뺀다.

3 간장, 다진마늘, 고춧가루, 들기름, 송송 썬 쪽파(대파) 약간, 통깨 약간 넣고 살살 버무린다.

4 기호에 따라 소금으로 간한다.

팁 고기의 중량에 따라 조리 모드를 조절해 주세요. 고기는 된장으로 밑간을 해도 좋아요.

차돌박이숙주찜

영양찜　10분

재료
숙주 300g, 차돌박이 150g, 소금 · 후추 · 쪽파 약간

1 씻어둔 숙주를 3분할하여 밥솥에 깔고 한입 크기로 자른 고기를 올려준다.
2 소금과 후추를 약간씩 뿌려준다.
3 1과 2를 반복하여 올려준다.
4 영양찜 모드로 10분 조리한다.

초간장소스
청양고추 2개, 홍고추 1개, 쪽파 약간, 간장, 식초, 물, 알룰로스

1 청양고추, 홍고추, 쪽파는 송송 썬다.
2 간장, 식초, 물, 알룰로스를 넣어 섞는다.
3 기호에 따라 양파를 추가해도 된다.

팁 조리 시간이 길면 숙주의 아삭함을 느낄 수 없으니 숙주와 차돌박이의 양을 늘리더라도 10분 조리
를 유지해주세요.

치킨버터커리

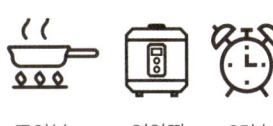

중약불   영양찜   25분

재료

닭다리정육 500g, 강황가루 1T, 소금 · 후추 약간

휘핑크림 200ml, 생수 100ml, 다진마늘 1T, 양파 1개, 버터 30g

🍽️

1   정육된 닭다리는 깨끗이 씻어 한입 크기로 썬다.

2   소금과 후추, 강황가루로 밑간한다.

3   양파를 얇게 채 썰어 버터를 넣고 연갈색이 될 때까지 팬에 볶는다.

4   모든 재료를 밥솥에 넣어 영양찜 모드로 25분 조리한다.

💬

100% 강황가루(터머릭)가 익숙하지 않다면 기호에 맞게 양을 줄여도 괜찮아요. 강황 특유의 쓴맛이 많이 느껴질 수 있어요. 강황은 만성 통증과 염증을 줄여주는 효능을 가지고 있는 좋은 식재료입니다.

치킨크림스튜

영양찜　25분

재료

닭다리정육 400g

크림소스

휘핑크림 200ml, 물 100ml, 채썬 양파 1/4개, 마늘 2개, 팽이버섯 한 줌, 소금·후추 약간

1 닭다리살을 깨끗이 씻은 후 한입 크기로 잘라 소금과 후추로 밑간한다.

2 마늘은 편 썰고 양파는 채 썰고 팽이버섯은 2등분한다.

3 닭다리살과 마늘, 양파, 팽이버섯을 밥솥에 넣고 크림소스를 붓는다.

4 영양찜 모드로 25분 조리한다.

🗨 팁　현미곤약밥을 소량 넣어 크림리소토로 즐겨보세요

토마토해물탕

중불　영양찜　20분

재료

새우 4마리, 가리비 6개, 토마토 1개, 마늘 2톨, 셀러리 1/2대, 양파 1/2개, 딜 혹은 타임 약간
토마토퓌레 3T, 버터 20g, 화이트와인 100ml, 물 100ml 소금·후추·파프리카파우더 약간

🍽️

1　새우는 깨끗하게 씻어놓고 가리비는 세척 솔을 이용해 겉면을 닦아준다.

2　마늘은 편 썰고 셀러리와 양파는 작은 깍두기 크기로 자른다.

3　팬에 버터를 녹인 후 마늘을 볶는다.

4　마늘 향이 올라오면 셀러리와 양파를 넣고 볶는다.

5　불을 끄고 토마토퓌레, 화이트와인, 물, 소금, 후추, 파프리카파우더를 모두 넣고 섞는다.

6　밥솥에 가리비와 새우를 넣고 5를 넣는다.

7　딜이나 타임을 조각내 위에 올려준다.

8　영양찜 모드로 20분 조리한다.

💬팁　생허브가 없으면 건허브를 사용해도 괜찮아요.

딸기잼

현미밥

재료

딸기 1.3kg, 에리스리톨 170g, 레몬즙 40ml

1 밥솥의 내솥은 뜨거운 물을 부어 소독한다.

2 딸기는 4등분하고 에리스리톨을 넣는다.

3 뚜껑을 연 상태에서 잠금장치를 돌려 잠근 후 현미밥 취사 버튼을 누른다.

4 수분이 나올 때까지 눌어붙지 않게 저어준다.

5 뜸들이기를 시작한다는 메시지가 나오면 레몬즙을 넣는다.

6 열탕소독한 용기에 담아 보관한다.

팁

딸기잼은 저탄고지에서 다소 생뚱맞아 보이지만 가끔 단맛이 필요할 때 먹을 수 있도록 만들었어요. 원하는 텍스처가 나오지 않았다면 백미 취사를 추가합니다. 불 앞에서 다 될 때가지 저어가며 잼을 만드는 수고를 하지 않아도 되는 신박한 레시피입니다.

생크림요거트

보온   1시간

재료

생크림 500ml, 프로바이오틱스 2알, 레몬즙 1T

1   밥솥의 내솥은 뜨거운 물을 부어 소독한다.

2   생크림과 프로바이오틱스를 넣고 잘 섞는다.

3   보온모드로 1시간 둔다.

4   레몬즙을 1T 넣어 섞는다.

5   열탕 소독한 용기에 담아 거즈로 덮고 7시간 이상 그늘진 상온에서 발효시킨다.

팁   베리류 과일과 건과류는 기호에 맞게 준비하면 됩니다.

고르곤졸라피자

중약불 전자레인지 90초

재료

코코넛 토르티야 1장, 슈레드 모차렐라치즈 80g, 블루치즈 1T, 슈가프리 메이플시럽

소스

버터 20g, 다진마늘 1t

1 버터와 다진마늘을 팬에 넣고 마늘이 충분히 익도록 볶는다.

2 토르티야에 1의 소스를 골고루 펴 발라준다.

3 슈레드 모차렐라치즈를 뿌리고 블루치즈는 듬성듬성 올려준다.

4 전자레인지에 90초 돌린다.

5 메이플시럽을 곁들여 찍어 먹는다.

팁

피자를 만들기 위해 따로 반죽을 하고 도우를 만드는 시간을 단축
할 수 있습니다.

마르게리타피자

전자레인지　2분

재료
코코넛 토르티야 1장, 바질잎 5장, 선드라이드 토마토 6개, 프레시 모차렐라치즈 5조각

토마토소스
토마토 페이스트 1T, 토마토펄프 2T, 오레가노·갈릭파우더·어니언파우더·소금·후추 약간씩

1　토마토소스의 재료를 모두 섞는다.

2　토르티야에 소스를 골고루 펴 바르고 모차렐라치즈를 올린다.

3　전자레인지에 2분 돌린다.

4　선드라이드 토마토와 바질을 올려 마무리한다.

팁

에어프라이어로 조리해도 되지만 겉(테두리)이 금방 타버리니 유의하세요.
선드라이드 토마토는 114쪽을 참고하세요.

치즈누룽지

전자레인지　3분

재료

슈레드 모차렐라치즈 120g, 파슬리가루 약간

🍽️

1 모차렐라치즈를 3등분하여 유산지 위에 올려준다.

2 치즈 위에 파슬리가루를 뿌린다.

3 전자레인지에 3분 돌려준다.

4 한김 식은 후 먹는다.

팁

더 바삭하게 먹고 싶다면 시간을 늘려도 좋아요. 그러나 과하면 식감이 질겨지니 주의하세요.

키토식에서 많이 먹는 식재료

한우(소고기)

한우는 맛도 좋지만 우리 몸에 필요한
양질의 단백질과 좋은 지방이 풍부하다.
성장 촉진뿐 아니라 노화방지와 각종 질병 예방에 큰 도움이 된다.
식물성 단백질에 비해 필수 아미노산이 풍부한 한우는
면역력을 높여주고 다이어트에도 효과를 준다.
특히 저탄고지 식단에서 빼놓을 수 없는 것이 소고기인데
안심보다는 지방이 많은 등심이나 갈빗살, 차돌박이 등을 선택하는 것이 좋다.
지방이 없는 부위를 조리할 때는 버터나 라드, 키토식에 적합한 오일을 추가하기를 권장한다.

한돈(돼지고기)

키토식에서 가장 처음 접하거나 제일 많이 먹는 식재료는
단연 돼지고기의 삼겹살일 것이다.
저탄고지 다이어트 식단에서는 탄수화물의 비율을 줄이고
그 자리를 좋은 지방으로 채우는데 여기에는 삼겹살 외에도 항정살을 추천할 만하다.
돼지고기의 지방은 체내에서 분해가 잘되기 때문에 키토식에 제격이다.
특히 라드 같은 포화지방은 키토식에서 좋은 선택이라 할 수 있다.
안정적이고 항염증과 항산화효과가 있으며
이 외에도 건강상의 이점이 아주 많다.
고지방식단에는 포화지방산이 많을수록 좋기 때문이다.

달걀

달걀에는 성장에 필요한 필수 아미노산은 물론
레시틴, 철분, 인, 비타민 A 등이 다량 함유되어 있어 완전식품으로 알려져 있다.
단일 식품으로는 달걀이 가장 뛰어난 단백질 식품으로
천연식품 중 필수 아미노산이 고루 들어 있는 우수식품이다.
노른자에는 지방이 32.6퍼센트나 들어 있고
소화흡수가 잘 되어 98퍼센트의 소화율을 나타내기도 한다.
레시틴이 많아 간에 쌓이기 쉬운 지방을 제거해주는 고마운 식재료이다.

생선(연어)

연어에는 EPA, DHA 등 오메가-3 지방산(불포화지방산)이 많이 함유되어 있고
고혈압, 동맥경화, 심장병, 뇌졸중 등의 혈관 질환 예방에 좋다고 알려져 있다.
오메가-3 지방산은 염증 감소에 도움이 된다 하여 관절염 환자에게 자주 권장되기도 한다.
오메가-3 지방산은 연어뿐 아니라
고등어, 참치, 꽁치 등의 등푸른 생선에 많이 들어 있다.
특히 연어는 비타민 A, 비타민 B군, 비타민 E 등이 풍부하고 더 나아가
칼슘 흡수를 돕는 비타민 D도 풍부하기 때문에
키토식에 매우 적합한 생선이다.

해산물

오징어는 호불호가 갈리지 않은 식품으로 타우린을 많이 함유하고 있다.
타우린은 당뇨, 동맥경화, 면역질환, 심장질환과 피로해소에 좋다.
오징어의 타우린은 일반 어패류보다 2~3배 많고
100g당 단백질 함유량이 18.1% 정도로 수산물 중 가장 많다.
새우(대하)는 칼슘이 풍부하여 뼈를 튼튼하게 해준다.
새우에 함유된 타우린 성분과 키토산은
혈관 속 유해한 콜레스테롤 수치를 감소시키기 때문에
혈관질환 예방에 뛰어나다.

찾아보기

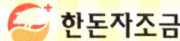
한돈자조금

밥상위의 한돈 국가대표

한돈먹고 대한민국 뒷심충전

대한민국 **한돈농가**와 **함께**합니다

한돈 홍보대사
박 세 리

우리돼지
KOREA PORK
한돈

한우해~♪

한우해~♪

올해는 한우해~ ♪♫

1월   2월   3월   4월   5월   6월   7월   8월   9월   10월   11월   12월

2021
올해는 한우해

2021년은 辛丑年, 소의 해!
이제부터 '한우해'로 불러주세요

올해는 우리한우로 면역력 키우세요!

한우자조금관리위원회

한우 유명한 곳을 검색하세요